DES CHANGEMENTS APPORTÉS DEPUIS 1884

A LA LÉGISLATION

SUR

LES FABRIQUES DES ÉGLISES

PAR

M. Léon AUCOC

MEMBRE DE L'INSTITUT

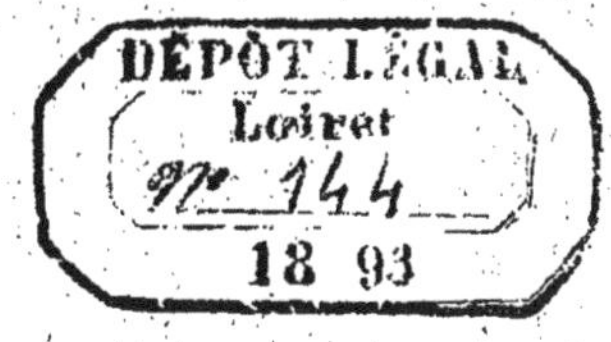

PARIS

ALPHONSE PICARD ET FILS, ÉDITEURS

82, RUE BONAPARTE, 82

1893

DES CHANGEMENTS APPORTÉS DEPUIS 1884

A LA LÉGISLATION

SUR

LES FABRIQUES DES ÉGLISES

PAR

M. Léon AUCOC

MEMBRE DE L'INSTITUT

PARIS

ALPHONSE PICARD ET FILS, ÉDITEURS

82, RUE BONAPARTE, 82

1893

EXTRAIT DU COMPTE RENDU

De l'Académie des sciences morales et politiques

(INSTITUT DE FRANCE)

Par MM. Henry VERGÉ et P. de BOUTAREL

Sous la direction de M. le Secrétaire perpétuel de l'Académie

DES CHANGEMENTS APPORTÉS DEPUIS 1884

A LA LÉGISLATION

SUR

LES FABRIQUES DES ÉGLISES.

Il ne faut pas juger de l'importance des questions par la situation des personnages entre lesquels elles se discutent et par l'étendue des territoires dans lesquels elles se soulèvent. La question des rapports de l'Église et de l'État et des charges du budget national pour les traitements des ministres du culte se retrouve dans chaque commune, petite ou grande, pour les dépenses du matériel et du personnel du culte laissées à la charge des localités.

Il y a, on le sait, à côté de l'administration municipale chargée de pourvoir à l'ensemble des besoins collectifs des habitants de son territoire, plusieurs administrations spéciales qui ont une mission particulière, ainsi l'administration des hospices et hôpitaux, les bureaux de bienfaisance, les fabriques des églises catholiques, les consistoires des églises protestantes, les synagogues israélites.

Ces administrations spéciales sont constituées à l'état de personnes civiles, elles ont des ressources particulières.

L'homme éminent qui a présidé à la réorganisation des cultes en France, depuis l'an IX jusqu'en 1808, un des auteurs du Concordat, Portalis, expliquait que si les fabriques ont été créées avec une existence distincte de la commune et avec des ressources propres et si elles ont été placées sous la direction des évêques, c'est afin que les nécessités du culte, surtout ses nécessités quotidiennes, soient appréciées par des administrateurs spécialement dévoués à cette œuvre, afin que le libre exercice du culte ne soit pas entravé, faute de moyens d'action, sous l'influence de sentiments hostiles à la religion ou des préoccupations d'une économie exagérée et mal entendue.

« On a compris dans tous les temps, disait Portalis dans un rapport à l'Empereur (Juillet 1806), que l'arbitrage de ce qui est honnête, décent et convenable, dans les temples destinés au culte et dans les choses destinées au service divin ne pouvait appartenir qu'aux évêques. Des maires, des fonctionnaires laïques qui ne trouvent souvent rien d'assez brillant pour la décoration de leur maison particulière, crient au luxe et à la dilapidation, quand il s'agit de la plus légère dépense pour orner le temple du Seigneur. Cependant s'il est un genre de pompe et de décoration qui n'humilie personne, c'est le luxe innocent que l'on consacre à la majesté divine et qui devient en quelque sorte le bien et la jouissance du peuple, c'est-à-dire de tous les fidèles, petits ou grands, riches ou pauvres, qui ont tous, sans exception, la libre entrée du temple.

« Sans doute, il ne faut point de dépenses exagérées; mais il faut dépenser ce qui est nécessaire pour conserver la dignité des choses saintes. Une économie sordide et déplacée dégraderait la religion et nous serions évidemment menacés de ce danger si des hommes peu religieux ou indifférents présidaient à des choses qu'ils n'aimeraient pas ou qu'ils mépriseraient peut-être (1). »

Telle est la pensée qui a fait reconstituer les fabriques par les auteurs du Concordat.

Mais en même temps le législateur a prévu que, dans bien des cas, les ressources propres des Fabriques, com-

---

(1) Portalis, *Discours, rapports et travaux sur le Concordat*, p. 408.

posées en partie de dons volontaires, quêtes, oblations, fondations, seraient insuffisantes même pour les dépenses les plus nécessaires ›et il a imposé aux administrations municipales l'obligation de venir en aide aux fabriques, comme aux autres administrations préposées au service du culte.

Le concours de ces deux bourses entraîne nécessairement des débats, des froissements. Le débiteur subsidiaire cherche à discuter la situation du débiteur principal pour écarter la charge qu'on entend lui imposer.

Nous avons étudié, d'une manière approfondie, il y a longtemps, les règles relatives aux rapports des communes et des fabriques et à la comptabilité des fabriques (1). Ces questions soulevaient de vives polémiques. Le Conseil d'État n'était pas d'accord avec la Cour de cassation ; beaucoup d'auteurs, la plupart d'entre eux, combattaient la jurisprudence du Conseil qui, dans la pratique, faisait loi. Il avait fallu examiner la législation, la jurisprudence et la doctrine à quatre périodes différentes : avant 1789, de 1789 jusqu'au décret du 30 décembre 1809 qüi a réorganisé les fabriques, de 1809 à 1837, enfin sous le régime de la loi municipale du 18 juillet 1837. Nous avions apporté dans cette polémique des éléments nouveaux tirés de documents 'inédits qui se trouvaient aux archives du Conseil d'État, les exposés des motifs et les rapports qui avaient préparé le décret du 30 décembre 1809. Ces documents nous avaient permis de rétablir le sens des dispositions du décret de 1809 dans lequel on avait cru voir des erreurs de rédaction

---

(1) *Des obligations respectives des fabriques et des communes relativement aux dépenses du culte catholique, et en particulier au logement des curés et desservants* (1858). — *Fabriques d'église. Comptabilité. Contestations entre le trésorier et la fabrique. Compétence* (1863).

Ces deux études ont été publiées dans la *Revue critique de législation et de jurisprudence.*

ou des contradictions. Nous avions ensuite constaté que les auteurs de la loi du 18 juillet 1837 sur l'administration municipale, après une discussion approfondie, après quelques dissentiments entre la Chambre des députés et la Chambre des pairs, s'étaient décidés à maintenir sans changements le décret de 1809.

Nous sommes obligé de dire aujourd'hui que tous ces travaux, toutes ces recherches historiques, toutes ces polémiques n'ont plus aucun intérêt pratique. Le législateur a tranché formellement les questions si vivement débattues autrefois, et c'est sur des textes nouveaux que doivent désormais porter les commentaires.

D'une part, la loi municipale du 5 avril 1884 a statué sur les cas dans lesquels la fabrique pourrait recourir à la commune, et en confirmant sur certains points la jurisprudence du Conseil d'État, elle a notablement modifié le décret de 1809 et la loi de 1837. D'autre part, en vertu d'une loi postérieure du 26 janvier 1892, un décret du 27 mars 1893 a établi pour la comptabilité des fabriques un régime semblable à celui des autres établissements publics.

Il n'est pas sans intérêt de signaler l'esprit de cette nouvelle législation. De grands principes y sont engagés.

Nous trouvons les principaux éléments de cette étude dans les discussions parlementaires de 1884 et de 1892 et dans un ouvrage tout récent de MM. Pierre Marques di Braga, conseiller d'État et Tissier, auditeur au Conseil d'État que les auteurs nous ont demandé d'offrir à l'Académie. Cet ouvrage, sous le titre de *Manuel théorique et pratique de la comptabilité des fabriques*, est surtout un commentaire du décret du 27 mars 1893 à la préparation duquel MM. Marques di Braga et Tissier ont pris une part active. Mais il traite avec ampleur la législation financière des fabriques et son histoire.

D'autre part, au moment même où parait cet ouvrage qui s'applique à justifier le décret du 27 mars 1893 et à en faire ressortir la modération, une voix éloquente vient de protester avec éclat contre la législation nouvelle. M. Émile Ollivier va jusqu'à blâmer l'épiscopat d'avoir laissé s'accomplir en silence une usurpation sur les droits de l'Église (1). La question mérite d'être examinée.

I

Parlons d'abord de la loi municipale du 5 avril 1884.

Cette loi a modifié gravement, à l'avantage des communes et au préjudice des fabriques, la nomenclature des dépenses obligatoires concernant le service du culte.

Déjà en 1836, lors de la discussion de la loi municipale, une disposition analogue avait été adoptée par la Chambre des députés, mais avait été abandonnée devant la résistance de la Chambre des pairs.

En 1879 et 1880 un projet de loi d'initiative parlementaire et un projet du gouvernement avaient soulevé la question de réorganisation des fabriques, l'initiative parlementaire allant à des solutions extrêmes, le Gouvernement proposant des réformes modérées. L'initiative parlementaire ne reculait pas devant l'idée de faire des fabriques une délégation du Conseil municipal et d'écarter pour leur administration tout contrôle de l'autorité ecclésiastique, ou bien, à l'inverse, elle proposait une séparation absolue entre les recettes et les dépenses de la fabrique, et les recettes et dépenses de la commune.

Ces projets qui n'avaient pas abouti, sans donner lieu à une discussion publique, ont été repris lors de l'examen de la loi municipale en 1884.

La discussion à la Chambre des députés et au Sénat a été d'une grande vivacité et s'est reproduite a plusieurs reprises. La Chambre des députés avait été jusqu'à supprimer complètement tout concours obligatoire des communes

(1) Journal *Le Figaro* du 27 juin 1893.

aux dépenses du culte, sauf les grosses réparations des églises qui sont leur propriété. Ses orateurs soutenaient qu'on ne trouvait pas dans le Concordat la base d'une pareille obligation. Ils ne dissimulaient pas qu'ils voulaient arriver à la séparation de l'Église et de l'État et qu'ils préparaient ce résultat par l'établissement de la neutralité religieuse dans les communes et de la liberté absolue des administrations municipales en cette matière.

Un des arguments principaux que faisaient valoir les défenseurs les plus modérés de ce système, c'est qu'il était contraire aux convenances et à la dignité de la religion de laisser les Conseils municipaux, quand ils étaient appelés à délibérer sur les demandes présentées par les fabriques, en cas d'insuffisance de leurs revenus, discuter à leur tour l'utilité de dépenses telles que les frais des cérémonies du culte dont l'appréciation, à raison de leur nature toute spéciale, devait être réservée aux fabriques et aux évêques. La perte d'argent était ainsi compensée par l'indépendance.

Au Sénat, ce système fut combattu dans des discours éloquents de M. de Pressensé et de M. Bardoux. M. de Pressensé qui avait cependant, on le sait, plus de sympathie pour la séparation de l'Église et de l'État que pour le Concordat, était blessé de voir méconnaître l'esprit d'un contrat qui s'était constamment pratiqué en ce sens depuis le commencement du siècle et qu'on devait, selon lui, exécuter loyalement si on ne le dénonçait pas. Élargissant le sujet, il combattait les tendances qui s'étaient manifestées à la Chambre des députés ; il déclarait qu'il ne voulait pas plus d'une philosophie et d'une irréligion d'État que d'une théocratie. M. Bardoux, dans un langage non moins élevé, réclamait au nom de la liberté de conscience et au nom de la modération. Il soutenait que, dans un grand nombre de petites communes, les fabriques ne seraient pas en mesure de payer les dépenses indispensables du culte et qu'ainsi beaucoup de pauvres gens seraient privés d'accomplir leurs devoirs religieux. Le Sénat s'était laissé persuader. Il avait rétabli, à une faible majorité, il est vrai, les dispositions du décret de 1809 confirmées par la loi du 18 juillet 1837. Mais sur l'insistance de la Chambre des députés, il n'a maintenu, malgré de nouveaux efforts de M. Batbie, qu'une partie de l'ancienne législation (1).

Pour faire comprendre la situation nouvelle faite aux fabriques, nous devons entrer dans quelques détails.

Il y a quatre cas, d'après la législation de 1809 et de 1837 et la jurisprudence du Conseil d'État, dans lesquels les communes avaient à pourvoir à l'insuffisance des ressources des fabriques pour les dépenses du culte.

En première ligne venaient les frais nécessaires du culte, tels qu'ils sont énumérés dans l'article 37 du décret de 1809 avec un soin minutieux, à savoir, les dépenses des objets affectés à la célébration des offices religieux, tels que les ornements, les vases sacrés, etc., et le traitement des vicaires et des employés de l'église, puis les honoraires des prédicateurs extraordinaires, les dépenses de décoration et d'embellissement intérieur de l'église, enfin les frais d'entretien des églises et presbytères.

En second lieu, elles devaient fournir au curé ou desservant un presbytère ou un logement ou subsidiairement une indemnité pécuniaire.

Elles devaient fournir aux grosses réparations des édifices consacrés au culte.

Enfin elles avaient à pourvoir à l'entretien des cimetières.

L'innovation capitale introduite dans la loi du 5 avril 1884, c'est la suppression de toute obligation des communes à l'égard des frais nécessaires du culte, des dépenses du personnel, enfin des frais d'entretien des églises et presby-

---

(1) Voir les discussions dans les séances du 16 février, du 13 mars et du 30 mars 1884.

tères (1). C'est sur ce point qu'avaient porté principalement les efforts de M. de Pressensé et de M. Bardoux dont le succès a été éphémère et plus tard ceux de M. Batbie, qui ont été inutiles.

Pour le presbytère ou l'indemnité de logement due au curé ou desservant, les charges de la commune ont été maintenues en cas d'insuffisance des revenus des fabriques.

Il en a été de même pour les grosses réparations des églises consacrées au culte, mais seulement pour celles dont les communes seraient propriétaires.

Quant aux cimetières toutes les charges d'entretien ont été imposées aux communes, parce que la loi de 1884 a attribué aux communes tous les revenus qui pouvaient en provenir.

Dans la nouvelle combinaison les fabriques ont subi, d'après leurs défenseurs, un préjudice considérable. Il résulte d'un document émané du Ministère de l'intérieur, et cité par M. Bardoux dans la discussion, que la somme demandée par les fabriques pauvres pour les frais nécessaires du culte s'élevait annuellement à plus de 400.000 fr. et les traitements des vicaires à 1.400.000 fr.

En ce qui concerne les grosses réparations des églises, le concours des communes ne peut être réclamé par les fabriques que s'il s'agit de batiments dont la commune serait propriétaire. C'est encore une diminution des avantages accordés antérieurement aux fabriques. La jurisprudence les admettait à s'adresser aux communes pour les réparations de tous les édifices régulièrement affectés au culte paroissial.

Dans une des phases de la discussion, les chambres avaient adopté une disposition qui dégageait les fabriques de toute contribution aux grosses réparations des églises.

---

(1) Il n'y a d'exception que pour la ville de Paris à laquelle la loi de 1884 n'est pas applicable.

C'était une compensation du préjudice qu'elles subissaient à l'égard des dépenses nécessaires du culte. Mais au dernier moment cette compensation leur a été enlevée.

Toutefois le Sénat a entendu donner aux fabriques une garantie en stipulant qu'elles n'auraient à affecter à ces réparations que leurs revenus et ressources disponibles. Il leur réservait donc le droit d'affecter préalablement leurs revenus et ressources à leurs autres dépenses.

L'administration des cultes soulève à ce sujet une question très grave. Elle soutient que s'il existe parmi les ressources des fabriques des valeurs mobilières ou des propriétés non grevées de charges spéciales, les fabriques doivent aliéner ces valeurs ou ces immeubles avant de demander le concours des communes pour les dépenses des grosses réparations des églises. Cette doctrine a été repoussée par le Conseil d'État notamment dans un avis du 2 juillet 1884. Il l'a considérée avec raison comme contraire au texte et à l'esprit de la nouvelle loi, aux déclarations faites devant le parlement, au commentaire de la loi municipale donné par le Ministre de l'intérieur après la promulgation de la loi. Malgré cet avis, la prétention de l'administration des cultes subsiste encore et elle vient d'être l'objet de vives réclamations de la part des consistoires protestants qui se trouvent dans la même situation que les fabriques des églises catholiques.

Ainsi la loi nouvelle enlève aux fabriques tout recours contre la commune en cas d'insuffisance de leurs revenus pour satisfaire aux dépenses ordinaires et nécessaires du culte. La disposition de l'article 31 de la loi du 18 juillet 1837 qui consacrait ce recours a été abrogée. Mais on a repris dans la législation et dans la jurisprudence du Conseil d'État, nous venons de le voir, l'obligation imposée aux fabriques de donner leur concours pour les dépenses du logement des curés et desservants et pour les grosses réparations des églises. Les conseils municipaux sont dès lors autorisés, comme autrefois, à discuter les budgets et les comptes des fabriques quand elles allèguent l'insuffisance de leurs ressources, sauf au gouvernement à trancher le débat par un décret (1).

Il y a plus : alors même que les fabriques ne demandent aucun secours aux communes, les conseils municipaux sont toujours appelés à donner leur avis, d'après l'article 70 de la loi de 1884, sur les budgets et comptes des fabriques et autres administrations préposées aux cultes dont les ministres sont salariés par l'État. C'est une aggravation de la loi de 1837 qui s'explique mal si on la rapproche des tendances dont le projet primitif s'était inspiré.

Tels sont les remaniements que la loi de 1884 a introduits dans les règles relatives aux rapports financiers des fabriques et des communes.

On avait projeté au début de sortir complètement du cadre de la législation antérieure. On y est rentré purement et simplement en aggravant la situation des fabriques et en diminuant les ressources qui leur étaient précédemment assurées. La pratique seule peut désormais éclairer le gouvernement et le législateur sur la valeur du nouveau système.

II

La réforme de la comptabilité des fabriques a suivi de près celle des rapports financiers des fabriques avec les communes.

Le principe de cette réforme a été posé dans l'article 78 de la loi de finances du 26 janvier 1892, sur la proposition d'un député, M. César Duval. La discussion a été fort courte à la Chambre des députés et au Sénat (2).

____

(1) Loi du 5 avril 1884, art. 136, n°ˢ 11 et 12.

(2) Chambre des députés, séance du 15 décembre 1891. — Sénat, séance du 9 janvier 1892.

Bien que les cas dans lesquels les fabriques peuvent recourir aux communes lorsque leurs revenus sont insuffisants aient été notablement réduits par la loi de 1884, on a fait valoir que les communes avaient peine à trouver dans les budgets et les comptes qui leur étaient communiqués les éléments de leur appréciation. La loi dispose que les comptes et budgets des fabriques seront soumis à toutes règles de la comptabilité des autres établissements publics et qu'un réglement d'administration publique déterminera les conditions d'application de cette mesure.

La formule très générale de la loi devait causer, on en conviendra, beaucoup d'inquiétudes aux membres des conseils de fabrique et aussi aux évêques chargés par le décret du 30 décembre 1809 de vérifier les comptes. Quelle était la portée de cette législation ? Les trésoriers des fabriques seraient-ils dépouillés de leurs attributions et les recettes et les dépenses de ces établissements allaient-ils être nécessairement effectués par les soins des percepteurs ? N'y aurait-il pas là une main mise de l'État sur les deniers des fabriques, comme le disait Mgr Freppel à la Chambre des députés ? D'autre part si les trésoriers des fabriques conservaient le rôle qui leur était attribué jusque-là, leurs fonctions ne leur seraient-elles pas rendues impossibles par les exigences de la législation sur la comptabilité publique, par une assiduité journalière qu'on ne peut réclamer d'eux alors qu'ils remplissent une fonction gratuite, par l'hypothèque légale qui pèserait sur leurs biens ? Enfin la substitution des conseils de préfecture et de la Cour des comptes aux évêques pour le réglement des comptes des fabriques n'aurait-elle pas pour résultat de dépouiller les évêques du droit qui ne leur avait jamais été contesté de contrôler les dépenses nécessaires du culte ?

Aujourd'hui que la réforme est accomplie par le décret du 27 mars 1893 qui en a réglé les détails, il s'agit de savoir si les inquiétudes que soulevait le principe posé en termes généraux doivent disparaître. Il s'agit de vérifier si l'application des règles de la comptabilité publique aux budgets et comptes des fabriques devait avoir toutes les conséquences qu'on avait pu redouter au premier moment, et si le Conseil d'État chargé d'approprier les règles générales à la situation spéciale des fabriques y a apporté les ménagements qu'exigeait la nature même de ces questions si délicates.

MM. Marques di Braga et Tissier, dans le livre que nous avons signalé, s'attachent à démontrer que les pouvoirs des fabriques et des évêques pour l'appréciation de l'utilité et de la convenance des dépenses du culte sont restés intacts, que la réforme porte exclusivement sur la régularité extérieure du mouvement des fonds appartenant aux fabriques, et que, dans la mise en œuvre du principe, le Conseil d'État, loin d'appliquer dans leur rigueur les règles de la comptabilité publique, a pris à tâche d'y déroger sur plusieurs points importants pour ne pas apporter de trouble dans la marche du service des fabriques.

Il convient d'y regarder de près. L'impression pénible qu'avait produite dans le clergé la loi du 26 janvier 1892 n'a pas disparu à la première lecture du décret du 27 mars 1893. Nous en avons un témoignage dans la protestation très vive dont nous parlions au début de notre travail.

Après un examen attentif, nous ne pouvons, en nous plaçant sur le terrain juridique, nous associer à ces impressions et à ces critiques.

Nous comprenons assurément qu'on puisse voir, quand on n'y est pas habitué, des mesures de défiance presque blessantes dans l'obligation de recueillir et de produire pour toute recette et toute dépense des pièces justificatives, dans la nécessité de réunir plusieurs personnes, dont chacune a sa clé, pour ouvrir les caisses où sont déposés les deniers de la fabrique. Mais ces mesures de précaution sont de l'essence de toute comptabilité régulière. Plusieurs d'entre elles se trouvent dans le décret de 1809. La véritable question est de savoir si, comme on l'a dit, la nouvelle réforme attente aux libertés légitimes de l'Église.

Le principe d'une législation laïque sur les fabriques peut-il être contesté ? S'il en était ainsi, ce n'est pas seulement la loi du 26 janvier 1892 et le décret du 27 mars 1893 qui seraient contestables, c'est aussi le décret du 30 décembre 1809 qui a organisé les fabriques et réglé toute leur administration. On a rappelé que ce décret, bien que signé le 30 décembre 1809, n'avait été promulgué que six mois après, par suite des observations du cardinal Fesch qui soutenait qu'il n'appartenait qu'aux évêques, chacun pour son diocèse, d'organiser les fabriques.

Qu'il y ait eu sur ce point une controverse, nous le savons, mais le Gouvernement a passé outre et jamais depuis 1809, à notre connaissance, la question n'a été soulevée. D'ailleurs sur quel point portait la controverse ? Nous en avons la trace dans un rapport de Portalis, fait au mois de juillet 1806, que nous avons déjà cité. Au moment où le décret du 30 décembre 1809 s'élaborait dans le Conseil d'État, Portalis, ministre des cultes, exprimait le regret qu'on fit un règlement général applicable à des administrations qui différaient beaucoup d'importance. Il rappelait que l'article 76 de la loi du 18 Germinal an X, annexée au Concordat, avait prévu le rétablissement des fabriques, qu'une décision du Gouvernement, en date du 9 floréal an XI, avait autorisé les évêques à rédiger des projets de règlements sur les fabriques et que ces règlements avaient été rédigés et mis à exécution. Il ne voyait pas d'avantages à faire une loi uniforme. Mais il ne contestait pas le droit du Gouvernement de statuer sur cette matière. Dans son rapport sur les articles organiques, il avait rappelé que, avant 1789, les règlements des fabriques qu'on avait toujours réputées corps laïques, ne pouvaient être exécutés sans avoir été approuvés et homologués par les cours souveraines et la décision du 9 floréal an XI, en déléguant aux évêques le pouvoir de faire des règlements, avait disposé qu'ils seraient soumis à l'approbation du Gouvernement. C'était une question de convenance et d'opportunité, non une question de principe qui se posait en 1809.

Assurément l'évêque d'Hermopolis, ministre des affaires ecclésiastiques en 1827, n'avait pas de scrupules sur les pouvoirs du Gouvernement puisqu'il avait projeté de réunir les fonctions de trésorier des fabriques à celles des percepteurs. Le projet communiqué aux évêques n'eut pas de suite parce qu'il avait été en général mal accueilli ; mais dans la circulaire par laquelle il annonçait l'abandon de son projet, Mgr Frayssinous s'attachait à expliquer que la véritable portée de la mesure n'avait pas été bien comprise et il ne paraît pas avoir rencontré une objection de principe contre l'intervention du législateur laïque en cette matière.

C'est dans les mêmes conditions que les formules de budgets et comptes des fabriques préparées par l'administration des cultes à plusieurs reprises depuis 1809 ont été acceptées sans difficultés.

Venons maintenant au fond.

Les attributions des fabriques ont-elles été modifiées ? La gestion de leurs finances est-elle subordonnée à des conditions qui doivent détourner les trésoriers de continuer à remplir leurs fonctions et qui doivent amener les fabriques à mettre nécessairement leurs fonds entre les mains des percepteurs ? Les pouvoirs de l'évêque pour le contrôle des comptes ont-ils disparu et sont-ils complétement transportés aux conseils de préfecture et à la Cour des comptes ?

Nous ne le voyons pas.

Il n'y a rien de changé dans les dispositions du décret du

30 décembre 1809 qui donnent au conseil de fabrique le droit de délibérer sur son budget, de voter ses recettes et ses dépenses (1).

Rien de changé dans celles qui portent que le budget sera envoyé, avec l'état des dépenses de la célébration du culte dressé par le curé ou desservant, à l'évêque diocésain pour avoir sur le tout son approbation (2).

Quant à la situation du trésorier qu'est-elle devenue ? S'est-elle aggravée au point d'amener les titulaires de ces fonctions à les déserter et à les abandonner aux percepteurs ?

Il paraît au contraire que la législation générale a été modifiée sur plusieurs points importants en vue de concilier ce qu'il y a d'essentiel dans les règles de la comptabilité publique avec la condition habituelle des trésoriers, la gratuité de leurs fonctions et les exigences spéciales du service des fabriques.

MM. Marques di Braga et Tissier le font ressortir dans les plus grands détails. Signalons ici les principaux. Les trésoriers des fabriques ne sont pas assujettis à fournir un cautionnement (art. 15). Leurs fonctions sont compatibles avec une profession quelconque (art. 8). Quant à l'hypothèque légale qui est établie par l'article 2121 du code civil sur les biens des comptables des établissements publics et qui, il ne faut pas l'oublier, n'a d'efficacité qu'en vertu de l'inscription, à la différence de l'hypothèque légale des mineurs et des femmes mariées (3), le décret de 1893, dans son article 17, ne permet pas de l'inscrire si elle n'est pas autorisée par une décision spéciale du juge du compte, en cas d'irrégularité constatée. Ces dispositions restrictives sont de nature à diminuer beaucoup les préoccupations

(1) Art. 12, art. 45 et 46.
(2) Art. 47.
(3) Code civil, art. 2134 et 2135. — Loi du 5 septembre 1807, art. 6.

que pouvait faire naître l'application de l'hypothèque (1).

D'autres mesures ont été prises pour faciliter la perception journalière des droits établis à l'occasion des cérémonies du culte (art. 3).

Aussi bien, à défaut du consentement du trésorier, la fabrique peut confier les fonctions de comptable à un receveur spécial désigné par elle. C'est seulement faute de trésorier et de receveur spécial qu'elles sont remplies par le percepteur (art. 5).

Nous ne voyons donc pas là une main mise de l'État sur les deniers des fabriques.

Pour le règlement des comptes il y a, à la vérité, un changement grave ; mais il faut bien en préciser la portée.

Le décret du 30 décembre 1809, dans son article 87,

(1) Il est vrai que la question de savoir si l'article 2121 du Code civil qui établit l'hypothèque légale sur les biens des comptables de l'État, des communes et des établissements publics est applicable aux trésoriers des fabriques a été controversée.

Aucun arrêt de la Cour de cassation ni des Cours d'appel n'a tranché cette question. On cite seulement, dans le sens de la négative, un jugement du tribunal civil de Langres du 23 mai 1864. Plusieurs auteurs se sont prononcés en ce sens à raison du mode de nomination des conseils de fabrique et de la spécialité des intérêts qu'ils ont à gérer. (Gaudry, *Traité de la législation des cultes*, t. III, p. 352. — De Champeaux, *Code des fabriques*, t. II, p. 473. — Aubry et Rau, *Cours de droit civil français*, t. III, p. 249. — Paul Pont, *Des privilèges et hypothèques*, t. I, p. 541.

Mais, d'après la tradition constante du Conseil d'État, adoptée dans tous les traités sur l'ensemble du droit administratif, les fabriques ont toujours été comprises au nombre des établissements publics. Aussi plusieurs auteurs ont soutenu que l'article 2121 du Code civil était applicable aux trésoriers. On peut citer en ce sens Mgr Affre, archevêque de Paris, *Traité de l'administration temporelle des paroisses*, 5ᵉ édition, 1845, p. 105. — Dalloz, *Répertoire*, vᵒ *Culte*, nᵒ 534. — Carré, *Traité du gouvernement des paroisses*, nᵒ 482. — Batbie, *Traité de droit public et administratif*, 2ᵉ édition, t. V, p. 207.

donnait à l'évêque le pouvoir de nommer un commissaire pour assister en son nom au compte annuel ; il disposait en outre que l'évêque ou ses vicaires-généraux, dans leurs tournées, pouvaient se faire représenter les comptes et vérifier l'état de la caisse. Mais la vérification permanente n'était pas organisée nettement. Il y avait des controverses sur le point de savoir quelle était l'autorité compétente pour statuer sur les articles des comptes qui donnaient lieu à des débats. Nous avons signalé à ce sujet, dans un travail pnblié en 1863, quatre opinions différentes soutenues par ·divers auteurs et nous avions cru pouvoir en présenter une cinquième.

Il n'y a plus de doute possible aujourd'hui. D'après l'article 26 du décret du 27 mars 1893 et conformément à la loi générale sur la matière, les comptes des comptables des fabriques sont jugés et apurés par les Conseils de préfecture où par la Cour des Comptes suivant les distinctions applicables aux établissements de bienfaisance, c'est-à-dire suivant l'importance de leurs revenus.

Est-ce à dire toutefois que les évêques, qui, nous l'avons vu, ont conservé leur contrôle sur les budgets des fabriques, n'ont plus aucune autorité pour le règlement des comptes, et que leurs pouvoirs pour l'appréciation des dépenses faites ont passé aux Conseils de préfecture et à la Cour des comptes ? Nullement.

Les lois sur la comptabilité publique établissent une distinction essentielle entre les fonctionnaires qui ordonnent les dépenses ou les recettes, qu'on appelle les ordonnateurs, et ceux qui encaissent ou qui paient et qu'on appelle les comptables. Chacun d'eux présente son compte à un point de vue tout différent et devant des juges différents, l'un compte moral ou d'administration, l'autre compte matériel. Pour le premier, il s'agit de prouver qu'il a bien administré, conformément aux lois, aux autorisations qui lui étaient données et aux crédits qui lui étaient ouverts ; pour le

second, il s'agit d'établir, par la production de pièces justificatives, qu'il a encaissé tout ce qu'il devait encaisser,
qu'il a payé régulièrement ce qu'il devait payer.

Ainsi les ministres présentent leur compte d'administration aux Chambres, les préfets aux Conseils généraux,
les maires aux conseils municipaux, et d'autre part les
comptables de l'État, des départements, des communes
présentent leur compte matériel aux Conseils de préfecture
et à la Cour des comptes. Le point de vue auquel doit se
placer le juge du compte matériel est tout différent de
celui auquel se place le juge du compte moral ou d'administration.

C'est le jugement des comptes matériels des comptables
des fabriques, dans les limites strictes que nous venons
d'indiquer, qui est déféré aux Conseils de préfecture et à la
Cour des comptes. Il n'appartient donc pas à ces autorités
d'apprécier l'utilité et la convenance des dépenses faites.
Elles n'ont qu'à vérifier si le comptable, suivant la formule consacrée, est quitte ou en avance ou en débet.
L'évêque reste toujours seul juge définitif de l'administration du conseil de fabrique.

Il y a même, à cet égard, une innovation intéressante
dans le décret de 1893 et qu'il faut signaler parce qu'elle
met en lumière la distinction du compte d'administration
et du compte matériel. Le décret de 1893 exige, ce que ne
faisait pas la législation antérieure, que l'ordonnateur,
c'est-à-dire le président de la fabrique, présente un compte
d'administration qui doit être soumis au conseil de fabrique
et rapproché par ce conseil du compte matériel. Après
l'examen fait par le conseil de fabrique, le dernier mot sur
le compte d'administration de l'ordonnateur appartient à
l'évêque. Le décret de 1893 ne le dit pas expressément.
Mais l'opinion de MM. Marques di Braga et Tissier, opinion
très autorisée à raison de la part considérable qu'ils ont
eue à la préparation de ce décret, est formelle, et nous

paraît très exacte. Ce droit dérive de celui qui est attribué à l'évêque d'approuver le budget, droit établi par le décret de 1809 et consacré par le décret de 1893 (1).

Voilà comment nous apparaît, et nous n'en indiquons ici que les grandes lignes, la réforme de la comptabilité des fabriques.

Elle a été mal accueillie au premier abord ; nous ne nous en étonnons pas. Venant à la suite de la loi municipale du 5 avril 1884 qui a porté une atteinte grave aux intérêts des fabriques, elle semblait inspirée par les mêmes dispositions hostiles. Le principe établi par une formule très générale et qui indiquait, en apparence, un changement radical dans la législation, devait soulever des inquiétudes. Assurément ce principe, appliqué avec rigueur, pouvait permettre de rendre très difficile le fonctionnement de ces administrations spéciales. Mais il a été appliqué avec la modération qui est traditionnelle au Conseil d'État.

On a pu combattre les dispositions de la loi de 1884 en invoquant l'esprit du Concordat, la liberté de conscience, l'équité et la logique. Nous ne croyons pas que le décret de 1893 puisse être considéré comme une mesure dangereuse pour les fabriques et leurs administrateurs, comme une atteinte aux droits essentiels de l'épiscopat, comme une laïcisation de l'église.

ORLÉANS. — IMP. PAUL GIRARDOT

www.ingramcontent.com/pod-product-compliance
Ingram Content Group UK Ltd.
Pitfield, Milton Keynes, MK11 3LW, UK
UKHW021047120726
13693UKWH00006B/2474